Короткие Рассказы на Испанском для Начинающих

Daria Gałek

Содержание

Введение

"Короткие Рассказы на Испанском для Начинающих" - это сборник из 20 легко читаемых историй, специально разработанных для тех, кто только начал изучать испанский язык. Истории написаны простым языком и представляют персонажей и ситуации, с которыми читатели легко могут себя идентифицировать, что делает их идеальными для начинающих изучать этот язык.

Каждая история сопровождается словарем и упражнениями, позволяющими читателям проверить свое понимание и расширить испанский словарный запас и грамматику.

Независимо от того, изучаете ли вы испанский впервые или хотите улучшить свои навыки чтения и слушания, "Короткие Рассказы на Испанском для Начинающих" - это ценный ресурс для всех, кто интересуется интересным и захватывающим способом изучения языка.

Capítulo 1: La llegada a la ciudad

Marta es una joven que acaba de llegar a la ciudad en un autobús desde su pueblo natal. Ella tiene veinticinco años y está emocionada de comenzar una nueva vida en la ciudad. Lleva una maleta pequeña y una bolsa de mano con ella mientras camina por las calles del centro de la ciudad. Se siente un poco perdida y no está segura de dónde ir para encontrar su nuevo casa. De repente, un hombre se le acerca y le sonríe.

– Hola, me llamo Juan. ¿Necesitas ayuda? – preguntó hombre con sonríe

– ¡Hola! Me llamo Marta. Acabo de llegar a la ciudad y no sé cómo encontrar mi nuevo casa. – respondió Marta sorprendida por la oferta de ayuda.

– No te preocupes. ¿Dónde vives? – preguntó Juan con amabilidad.

– Vivo en la calle Mariposa número 23.

– ¡Eso está cerca! Sólo tienes que seguir por esta calle y girar a la derecha en la calle Azul. La calle Mariposa está a dos cuadras más allá. – explicó Juan.

– ¡Muchas gracias! – agradeció Marta con una sonrisa aliviada.

– De nada. ¡Que tengas un buen día! – dijo Juan antes de despedirse.

Gracias a las indicaciones de Juan, Marta encontró el camino a casa sin ningún problema. Estaba emocionada de empezar su nueva vida en la ciudad y planeaba explorarla en los próximos días.

Vocabulario:

joven – молодой

llegar – приходить

ciudad – город

pueblo – деревня

emocionada – взволнованная

maleta – чемодан

bolsa de mano – сумка

mientras – в то время как

preguntar – спрашивать

calle – улица

segura – уверенная

encontrar – найти

nuevo – новый

casa – дом

sonreír – улыбаться

ayuda – помощь

no te preocupes – не беспокойся

dónde – где

girar – повернуть

derecha – право

de nada – пожалуйста

llegar – прибывать

despedirse – прощаться

empezar – начинать

explorar – исследовать

próximo – следующий

Capítulo 2: Tienda de comestibles

Marta decidió ir a la tienda de comestibles para abastecer su nevera en su nuevo apartamento. Cuando llegó notó que estaba limpia y ordenada. Marta se acercó a un trabajador que estaba poniendo productos en los estantes.

– Buenos días. – saludó Marta con una sonrisa. –¿Dónde puedo encontrar los vegetales?

– Buenos días. – respondió el empleado con amabilidad. – Los vegetales están en la sección de la izquierda, al final del pasillo

– Gracias. – agradeció Marta con una voz amable. –¿Tienen tomates y lechugas frescos?

– Sí, acabamos de recibir una nueva entrega esta mañana. Están en la sección de vegetales frescos justo al lado – explicó el empleado con entusiasmo.

Marta dijo gracias al empleado y fue a la sección de verduras. Vio que había muchos productos frescos y buenos. Tomó algunos tomates y lechugas frescas y decidió buscar frutas.

– También necesito algunas frutas. ¿Dónde puedo encontrarlas? – preguntó Marta con curiosidad.

– Las frutas están en la sección de la derecha, justo después de los productos enlatados.

– Perfecto, gracias.

Marta encontró una sección con frutas frescas y tomó algunas manzanas y plátanos para la semana. Finalmente, Marta llevó sus compras al mostrador de caja.

– Son 10 euros en total, por favor – dijo el empleado con voz clara.

– ¿Aceptan tarjeta de crédito? – preguntó Marta con interés.

– Sí, aceptamos tarjetas de crédito y débito. También puedes pagar en efectivo.

– De acuerdo, muchas gracias.

Marta pagó por sus compras con tarjeta de crédito y salió de la tienda, lista para preparar su primera cena en su nuevo casa.

Vocabulario:

tienda de comestibles – продуктовый магазин

frutas – фрукты

limpia – чистый

organizada – организованный

empleado – сотрудник

izquierda – лево

amable – доброжелательный

también – также

tomate – помидор

lechuga – салат

fresco – свежий

encontró – нашел

plátano – банан

manzana – яблоко

después – после

enlatado – консервированный

finalmente – наконец

compras – покупки

pagar – платить

tarjeta de crédito – кредитная карта

efectivo – наличные

preparar – приготовить

Capítulo 3: La reunión con los vecinos

Un día Marta recibió una invitación de los vecinos para asistir a una reunión en el edificio. Estaba emocionada de conocer a sus vecinos y aprender más sobre la comunidad. La reunión estaba programada para el sábado por la tarde en la sala comunitaria del edificio.

Marta llegó a la sala comunitaria y se sorprendió al ver a tanta gente allí. Ella se acercó a un grupo de personas que estaban hablando y se presentó.

– ¡Hola! Me llamo Pedro. ¿Eres la nueva inquilina? – preguntó uno de los vecinos.

– Sí, así es. Me llamo Marta y mudarme aquí hace unos días. – ella respondió.

– ¡Bienvenida a la comunidad! Me llamo Ana. ¿Te gusta aquí? – preguntó el otro vecino.

– Estoy emocionada de estar aquí Me encanta el edificio y la ubicación es perfecta para mí.

– Me alegra escuchar eso. ¿Estás disfrutando de la ciudad hasta ahora? –preguntó el tercer vecino

– Sí, estoy explorando mucho.

La reunión comenzó con un discurso del presidente de la asociación. Habló de los próximos eventos. También se discutieron varias cosas relacionadas con la renovación del edificio.

Marta se sintió cómoda con sus vecinos y se emocionó al escuchar sobre las actividades y eventos planificados. Estaba contenta de haber asistido a la reunión y se sintió más conectada con la comunidad.

Vocabulario:

invitación – приглашение

vecinos – соседи

conocer – познакомиться

reunión – встреча

sábado – суббота

tarde – вечер

sala comunitaria – общественное помещение

inquilina – арендатор

mudarse – переезжать

ubicación – местоположение

otro – другой

alegra – радует

escuchar – слушать

discurso – речь

presidente – президент

asociación – ассоциация

eventos – мероприятия

relacionadas – связанные

conectada – связанная

Capítulo 4: El primer día de trabajo

Marta estaba emocionada por su primer día de trabajo en la nueva empresa. Llegó temprano a la oficina y se encontró con su jefe, David.

– ¡Hola, Marta! Me alegra que hayas llegado temprano. – dice David – ¿Estás lista para comenzar tu primer día de trabajo?

– Hola, David. Sí, estoy muy emocionada por empezar.

– Genial. Te mostraré nuestra oficina.

David llevó a Marta por la oficina y le mostró dónde se encontraban las diferentes áreas y departamentos. Luego llegaron a la estación de trabajo de Marta.

– Aquí es donde trabajarás – dijo David – Como puedes ver, tienes tu propia computadora y teléfono. Ahora, te presentaré al equipo.

David presentó a Marta a cada uno de sus nuevos compañeros de trabajo, incluyendo a su compañero de equipo, Sebastián.

– Marta, este es Sebastián, tu compañero de equipo. – dice David

– Hola, Marta – le dijo Sebastián con una sonrisa – Encantado de conocerte.

– Hola, Sebastián. Estoy emocionado de trabajar contigo. – respondió Marta

– ¡Genial! – dijo David – Ahora puedes empezar a trabajar.

Sebastián te ayudará con los documentos más importantes. ¡Bienvenida a nuestro equipo!

Después de reunirse con su equipo, Marta se sentó en su escritorio y comenzó a aprender sobre su trabajo. Sebastián amablemente le mostró los documentos más importantes. Marta estaba emocionada por las posibilidades que le esperaban en su nuevo trabajo. Sintió que había tomado la decisión correcta al comenzar a trabajar para esta empresa.

Vocabulario:

trabajo – работа

jefe – начальник

empresa – компания

temprano – рано

lista – список

oficina – офис

mostrar – показать

aquí – здесь

computadora – компьютер

teléfono – телефон

equipo – команда

compañero de trabajo – коллега

contigo – с тобой

documento – документ

bienvenida – добро пожаловать

reunirse – встречаться

escritorio – стол

aprender – учиться

amablemente – дружелюбно

posibilidades – возможности

Capítulo 5: Reunirse con amigos

Marta quedó con sus amigos para tomar un café en una cafetería en el centro de la ciudad. Estaba emocionada porque no había visto a sus amigos en mucho tiempo y quería compartir con ellos sus nuevas experiencias en el trabajo.

Después de saludarse y pedir café, Marta inició la conversación:

– ¿Cómo están? ¡Hace mucho tiempo que no nos vemos!

– Bien, bien. – su amigo Manuel respondió – Sí, es verdad, hace tiempo que no nos vemos.

– Sí, desde que empecé a trabajar en la nueva empresa, no he tenido mucho tiempo para salir.

– ¿Y cómo te va en el trabajo? ¿Te gusta tu nuevo trabajo? – preguntó otra amiga, Ángela

– Sí, me gusta mucho. Trabajo con gente muy agradable y estoy aprendiendo muchas cosas nuevas.

– ¿Y qué haces en tu tiempo libre? ¿Tienes algún nuevo interés? – dije Manuel

– Sí, hace poco empecé a aprender francés. Me gusta mucho y quiero viajar a París en el futuro.

Después de un rato de conversación, Marta se dio cuenta de que una de sus amigas parecía preocupada.

– ¿Qué pasa? – Marta le preguntó a Angéla – Pareces

preocupada.

– Sí, justo ahora estoy planeando unas vacaciones y no sé a dónde ir. No tengo ideas. – ella respondió con triste

– ¿Quieres ir conmigo a Francia?

– ¿De verdad? ¡Claro, estaría encantada! – gritó Ángela con una sonrisa

Después del café, Marta se sintió feliz y relajada. Estaba contenta de haber podido reunirse con sus amigos y compartir sus experiencias.

Vocabulario:

amigo – друг

tomar un café – выпить кофе

centro de la ciudad – центр города

compartir – поделиться

nueva experiencia – новый опыт

gente – люди

agradable – приятный

cosas – вещи

tiempo libre – свободное время

interés – интерес

francés – французский

viajar – путешествовать

futuro – будущее

vacaciones – каникулы

preocupada – обеспокоенная

ir conmigo – идти со мной

Capítulo 6: Una visita a la biblioteca

Marta decidió visitar la biblioteca para encontrar algunos libros para aprender más sobre su nuevo trabajo. Cuando llegó a la biblioteca, se dirigió a la sección de negocios y comenzó a buscar algunos libros.

De repente, el bibliotecaro se acercó a ella y le preguntó:

– Hola, mi nombre es Pablo, ¿necesitas ayuda para encontrar algún libro?

– Sí, estoy buscando libros sobre finanzas y negocios. – respondió Marta.

– Ah, puedo ayudarte con eso. ¿Has encontrado algún libro interesante?

– Sí, encontré algunos libros, pero no estoy segura de si son los adecuados. ¿Podrías echarles un vistazo?

– Por supuesto. Déjame ver. Ah, este es un buen libro sobre finanzas personales. Y este otro sobre negocios internacionales. Creo que serán útiles para ti.

– Muchas gracias. Eso es exactamente lo que estaba buscando.

Después de seleccionar los libros, Marta se sentó en una mesa y comenzó a leer uno de ellos. De repente, otro hombre se acercó a ella y le preguntó:

– Hola, ¿estás leyendo ese libro sobre finanzas personales? Es un gran libro, ¿no crees?

– Sí, lo es. Estoy aprendiendo mucho.

– Me llamo Gabriel, por cierto. Trabajo en una empresa de inversiones. Si alguna vez necesitas algún consejo financiero, no dudes en preguntarme.

– Gracias, Gabriel. Me encantaría escuchar tus consejos en el futuro.

Marta se sintió agradecida por la ayuda que había recibido de Pablo y Gabriel. Después de un rato, decidió que había leído suficiente por hoy y se despidió del bibliotecario y del hombre de negocios antes de salir de la biblioteca.

Vocabulario:

biblioteca – библиотека

sección – раздел

negocios – бизнес

libro – книга

finanzas – финансы

bibliotecario – библиотекарь

nombre – имя

vistazo – взгляд

útiles – полезный

seleccionar – выбирать

mesa – стол

leer – читать

hombre – мужчина

inversiones – инвестиции

consejo – совет

financiero – финансовый

agradecida – благодарная

Capítulo 7: Un día en la playa

Marta se despertó temprano para disfrutar de un día en la playa. Era un día soleado y perfecto para tomar el sol y nadar en el mar. Se puso su traje de baño, tomó una toalla y salió de su casa rumbo a la playa. Sin embargo, al llegar allí se dio cuenta de que había olvidado sus gafas de sol en casa.

– ¡Vaya! ¡He olvidado mis gafas de sol en casa! – se lamentó Marta.

En ese momento, un chico se acercó a ella y le ofreció un par de gafas de sol.

– Hola, ¿necesitas ayuda? Me llamo Miguel. – dijo el chico.

– ¡Hola! Me llamo Marta. Acabo de llegar a la playa y me he dado cuenta de que he olvidado mis gafas de sol en casa. – respondió Marta sorprendida por la oferta de ayuda.

– No te preocupes, yo tengo un par de gafas de sol que puedes usar mientras estés aquí. – dijo Miguel con una sonrisa.

– ¡Muchas gracias! – agradeció Marta con una sonrisa aliviada.

– De nada, espero que las disfrutes. – dijo Miguel antes de despedirse.

Marta pasó el día en la playa tomando el sol, leyendo un libro y nadando en el mar. Cuando el sol comenzó a ponerse, decidió que era hora de volver a casa.

– ¡Qué día tan maravilloso! – se dijo a sí misma mientras

caminaba de regreso a casa.

Después de pasar el día en la playa, Marta se sintió completamente relajada y rejuvenecida. También estaba agradecida por la amabilidad de Miguel, quien le había ofrecido sus gafas de sol y había hecho su día mucho más cómodo.

Vocabulario:

playa – пляж

disfrutar – наслаждаться

día soleado – солнечный день

sol – солнце

tomar el sol – загорать

nadar – плавать

traje de baño – купальник

toalla – полотенце

momento – момент

olvidado – забыто

gafas de sol – солнцезащитные очки

aliviada – облегченная

pasar el día – провести день

caminar – гулять

maravilloso – замечательный

alguien – кто-то

Capítulo 8: El picnic de Marta y su familia

Marta y su familia decidieron hacer un picnic en el parque. La mamá de Marta preparó unos sándwiches de jamón y queso, y su papá trajo unas manzanas y botellas de agua.

Marta estaba emocionada porque le encantaba pasar tiempo al aire libre. Se sentaron en una manta y comenzaron a comer.

– ¡Esto está muy rico! – dijo Marta mientras masticaba un sándwich.

– Me alegra que te guste, Marta – respondió su mamá con una sonrisa.

Mientras comían, Marta vio a un niño jugando con su perro.

– ¡Qué lindo perro! – exclamó Marta.

– Sí, es muy juguetón – dijo su papá.

Después de comer, Marta decidió que quería jugar con el perro.

– ¿Crees que podría jugar con él, papá? – preguntó Marta.

– Tienes que preguntarle al chico. – respondió papá.

Marta se acercó al dueño del perro y le preguntó si podía jugar con él. El dueño asintió y Marta comenzó a jugar con el perro.

– ¡Este perro es muy divertido! – dijo Marta mientras el perro saltaba y movía la cola.

Después de jugar un rato, Marta y su familia guardaron sus cosas y se dirigieron de vuelta a casa, llevando consigo los recuerdos especiales de un día divertido con risas, comida deliciosa y momentos compartidos en el parque.

Vocabulario:

picnic – пикник

parque – парк

sándwiches – бутерброды

jamón – ветчина

queso – сыр

agua – вода

aire libre – свежий воздух

sentarse – садиться

manta – одеяло

rico – вкусный

niño – ребенок

perro – собака

dueño – владелец

jugar – играть

cola – очередь

guardar – сохранить

recuerdos – воспоминания

especial – особенный

risa – смех

Capítulo 9: Celebrando el Cumpleaños

Marta estaba muy emocionada porque hoy era su cumpleaños y su mejor amiga, Ana, le había preparado una sorpresa especial. Ana le había dicho que se encontraran en un parque cercano para celebrar juntas.

Cuando Marta llegó al parque, vio que Ana había preparado una pequeña fiesta sorpresa con globos y una deliciosa torta de chocolate.

– ¡Feliz cumpleaños, Marta! – dijo Ana emocionada mientras le entregaba un regalo.

– ¡Muchas gracias, Ana! No puedo creer que hayas hecho todo esto por mí.

Después de comer un trozo de torta y abrir su regalo, Marta decidió que quería jugar en el parque.

– ¿Quieres jugar a la pelota, Ana? – preguntó Marta.

¡Claro! Vamos a jugar.

Marta y Ana comenzaron a jugar a la pelota mientras se reían y disfrutaban del hermoso día.

– ¡Ay, Ana, casi me das con la pelota! – exclamó Marta sorprendida

– Jajaja, lo siento, Marta. – respondió Ana con una risa – ¡Intentaré tener mejor puntería!

Después de jugar, Marta y Ana se sentaron en el césped para descansar y hablar sobre lo bonito que había sido el día. Se dieron cuenta de lo afortunadas que eran por ser amigas especiales y poder celebrar juntas. Marta sopló las velas de su pastel una vez más, deseando que su amistad con Ana siempre fuera fuerte y llena de felicidad en el futuro.

Vocabulario:

cumpleaños – день рождения

mejor – лучше

sorpresa – сюрприз

celebrar – праздновать

torta – торт

chocolate – шоколад

regalo – подарок

pelota – мяч

casi – почти

me das – ты дашь мне

jajaja – хаха

lo siento – извините

intentaré – я попробую

puntería – меткость

descansar – отдыхать

hablar – говорить

juntas – вместе

pastel – пирог

una vez más – еще раз

siempre – всегда

fuerte – сильный

Capítulo 10: La visita al zoológico

Marta y su familia decidieron ir de excursión al zoológico. Marta estaba emocionada porque nunca había ido antes y le encantaban los animales.

Cuando llegaron, compraron las entradas y comenzaron a explorar el zoológico. Vieron leones, jirafas, monos y muchos otros animales interesantes.

Marta estaba especialmente emocionada de ver a los pingüinos. Les encantaba verlos deslizarse por el agua y caminar torpemente sobre el hielo.

Mientras estaban viendo a los pingüinos, Marta notó que uno de ellos parecía triste.

– Papá, ¿por qué ese pingüino está solo? – preguntó Marta señalando al pingüino solitario.

– A veces los pingüinos se separan del grupo por diferentes razones, pero no te preocupes, es normal – respondió su papá.

Marta decidió que quería hacer algo para animar al pingüino solitario. Recordó que había traído una barra de chocolate en su bolsa y pensó que podría dársela al pingüino.

– Papá, ¿crees que el pingüino querrá esto? – preguntó Marta sacando la barra de chocolate de su bolsa.

– No estoy seguro, pero puedes intentarlo – respondió su papá.

Marta se acercó al pingüino y le ofreció la barra de chocolate. El pingüino pareció curioso y se acercó para olfatearla. Después de unos momentos, el pingüino tomó la barra de chocolate con su pico y comenzó a comérsela.

– ¡Mira, papá, le gusta! – exclamó Marta emocionada.

Después de pasar todo el día en el zoológico, Marta y su familia regresaron a casa cansados pero felices. Habían pasado un día maravilloso viendo animales increíbles y creando recuerdos juntos.

Vocabulario:

zoológico – зоопарк

excursión – экскурсия

nunca – никогда

animales – животные

entrada – вход

leon – лев

jirafa – жираф

mono – обезьяна

pingüino – пингвин

hielo – лед

triste – грустный

solo – один

separan – разделяют

barra de chocolate – шоколадная плитка

curioso – любопытный

olfatear – нюхать

pico – клюв

comer – есть

cansado – уставший

felice – счастливый

regresar – вернуться

Capítulo 11: La clase de yoga

Marta quería encontrar una forma de relajarse después de un día de trabajo estresante, por lo que decidió tomar una clase de yoga en su gimnasio local. Cuando llegó, se unió a un grupo de personas que ya estaban haciendo estiramientos y meditando.

Marta encontró la clase de yoga muy relajante y comenzó a disfrutarla. Pero cuando el instructor le pidió que hiciera una postura complicada, se sintió un poco insegura.

– No estoy segura de que pueda hacer eso. – dijo Marta.

– No te preocupes, Marta. Puedes intentarlo. Si no lo consigues, simplemente haz lo que puedas. – respondió el instructor con una sonrisa.

Marta se esforzó y finalmente logró hacer la postura. Se sintió muy orgullosa de sí misma y agradecida por la paciencia del instructor.

Después de la clase, Marta se acercó al instructor y le preguntó si había alguna forma de practicar yoga en casa.

– Sí, hay muchos videos de yoga en línea que puedes seguir en casa. También puedes comprar un tapete de yoga y practicar en tu sala de estar.

– Gracias por el consejo. Definitivamente lo intentaré. – dijo Marta mientras se despedía del instructor.

Cuando llegó a casa, Marta buscó videos de yoga en línea y

comenzó a seguirlos. Descubrió que practicar yoga en casa era muy conveniente y relajante.

Vocabulario:

clase – класс

yoga – йога

gimnasio – спортзал

estiramientos – растяжки

meditando – медитируя

insegura – неуверенная

postura – поза

complicada – сложная

intentarlo – попробовать

consigues – ты справляешься

orgullosa – гордая

paciente – терпеливая

acercó – подошла

forma – способ

practicar – практиковать

videos – видео

línea – онлайн

tapete – коврик

sala de estar – гостиная

conveniente – удобный

relajante – расслабляющий

Capítulo 12: La aventura en el museo

Un día, Marta decidió visitar el museo de su ciudad para descubrir cosas interesantes. Se puso su ropa cómoda, tomó su mochila y se dirigió al museo con emoción.

Al llegar al museo, Marta se maravilló con la gran entrada y las hermosas esculturas que adornaban el lugar. Entró al museo y se acercó al mostrador de información.

– ¡Hola! ¿Puedes darme información sobre las exposiciones? – preguntó Marta con entusiasmo.

– ¡Hola! Claro, tenemos diferentes salas con exposiciones de arte, historia y ciencia. ¿Qué te gustaría explorar primero? – respondió el empleado amablemente.

– Me gustaría comenzar con la sala de arte. ¿Dónde puedo encontrarla? – preguntó Marta con curiosidad.

– La sala de arte está en el segundo piso. Solo debes subir las escaleras y girar a la izquierda. – explicó el empleado.

– ¡Gracias por la información! – agradeció Marta con una sonrisa.

Marta subió las escaleras y se adentró en la sala de arte. Se detuvo frente a un cuadro y comenzó a admirarlo. En ese momento, un niño llamado Nicolás se acercó a ella.

– Hola, ¿te gusta esta pintura? – preguntó Nicolás con curiosidad.

– ¡Hola! Sí, me encanta. Los colores son muy bonitos – respondió Marta emocionada.

– ¿Sabes qué? Mi mamá es artista y ella me ha enseñado mucho sobre pintura. Puedo contarte más sobre esta obra si quieres – ofreció Nicolás con amabilidad.

– ¡Claro! Me encantaría escuchar más sobre ella – dijo Marta con entusiasmo.

Nicolás comenzó a explicarle los detalles de la pintura y compartió algunos datos interesantes sobre el artista. Marta estaba encantada de aprender cosas nuevas. Finalmente agradeció a Nicolás por su ayuda y continuó su aventura en el museo.

Vocabulario:

aventura – приключение

museo – музей

emoción – эмоция

ropa cómoda – удобная одежда

mochila – рюкзак

lugar – место

mostrador de información – информационный стол

sala de arte – художественная галерея

escaleras – лестница

pinturas – картины

esculturas – скульптуры

cuadro – полотно

colores – цвета

admirar – восхищаться

detalles – детали

obra – произведение

datos interesantes – интересные факты

artista – художник

historia – история

ciencia – наука

maravillosa – замечательная

Capítulo 13: Cuidando a la mascota de un amigo

Marta era una niña responsable y amante de los animales. Un día, su amigo Daniel le pidió un favor muy importante.

– ¡Hola, Marta! Tengo que salir de la ciudad y necesito que cuides a mi gato, Tomás. ¿Podrías hacerlo? – preguntó Daniel.

– ¡Hola, Daniel! Claro que sí, me encantaría cuidar a Tomás. Sé lo importante que es para ti – respondió Marta.

Marta llegó a la casa de Daniel y encontró a Tomás esperándola en la sala. Después de asegurarse de que tuviera comida, agua y juguetes, Marta se ocupó de cuidarlo durante varios días. También lo llevó al parque, donde Tomás pudo jugar con otros gatos y disfrutar del aire libre. Marta y Tomás se hicieron amigos y se divirtieron juntos.

Al final de la semana, Daniel regresó y Marta le contó todas las aventuras que había tenido con Tomás.

– ¡Gracias, Marta! Me alegra saber que Tomás estuvo en buenas manos. Eres una gran amiga – dijo Daniel agradecido.

– De nada, Daniel. Cuidar de Tomás fue un verdadero placer. Siempre estaré aquí para ayudarte cuando lo necesites.

Marta se despidió de Tomás con cariño, sabiendo que había formado un lazo especial con él durante su tiempo juntos. Estaba feliz de haber podido ayudar a su amigo y cuidar de su querida mascota.

Vocabulario:

mascota – домашний питомец

niña – девочка

amante – любовник/любовница

salir – выходить

cuidar – заботиться

semana – неделя

fin de semana – конец недели, выходные

comida – еда

juguetes – игрушки

asegurarse – убедиться

varios días – несколько дней

cariño – ласка, нежность

lazo – узел, связь

querida – дорогая

Capítulo 14: El primer vuelo

Marta estaba emocionada porque iba a hacer su primer viaje en avión. Había ahorrado dinero durante mucho tiempo y finalmente llegó el día en que iba a volar a un país extranjero. Se encontraba en el aeropuerto, con su maleta y su pasaporte en la mano.

– Buenos días, ¿cómo puedo ayudarte? – preguntó la azafata

– Hola, tengo un vuelo a Londres. ¿En qué puerta de embarque debo estar?

La azafata le dio la información sobre la puerta de embarque y Marta se dirigió allí. Una vez a bordo del avión, buscó su asiento y se sentó junto a una mujer amigable.

– Hola, ¿es este el asiento 15B? – preguntó Marta emocionada.

– Sí, así es. ¿Es tu primer vuelo? – respondió la mujer con una sonrisa.

– ¡Sí, es mi primer vuelo! – respondió Marta emocionada – Estoy tan emocionada pero también un poco nerviosa.

– No te preocupes, los vuelos son muy seguros. Te acostumbrarás pronto. – dijo la mujer tranquilizándola.

El avión despegó y Marta observaba por la ventana mientras el paisaje se volvía más pequeño a medida que ganaban altura.

– ¡Mira, estamos volando por encima de las nubes! – exclamó Marta emocionada.

– Sí, es hermoso, ¿verdad? Disfruta del viaje. – respondió la mujer sonriendo.

Durante el vuelo, Marta escuchaba atentamente las instrucciones del personal de cabina y seguía las indicaciones de abrocharse el cinturón de seguridad y apagar los dispositivos electrónicos.

Finalmente, el avión aterrizó en el aeropuerto de Londres y Marta se despidió de la mujer con quien había compartido el vuelo.

Vocabulario:

primer vuelo – первый полет

viaje – путешествие

avión – самолет

volar – летать

extranjero – заграница

aeropuerto – аэропорт

pasaporte – паспорт

azafata – стюардесса

Londres – Лондон

puerta de embarque – выход на посадку

asiento – место

nerviosa – нервничающая

seguro – безопасно

te acostumbrarás – ты привыкнешь

despegar – взлетать

ventana – окно

paisaje – пейзаж

nubes – облака

Capítulo 15: El festival de música

Marta estaba emocionada porque ese fin de semana se celebraba el festival de música en su ciudad. Había oído hablar de este evento durante meses y no podía esperar. Se fue con amigo Manuel al centro de la ciudad, donde se llevaba a cabo el festival.

Cuando llegaron al lugar del festival, quedaron maravillados por el ambiente festivo que reinaba en el lugar. La música resonaba en cada rincón y la energía era contagiosa.

– ¡Mira, hay un escenario principal! Vamos allí primero – señaló Marta.

– ¡Sí, definitivamente! Quiero ver a esa banda de rock que tanto me gusta – dijo Manuel sonriendo.

Una vez frente al escenario, la música comenzó a sonar y el escenario se iluminó con luces brillantes. Marta y Manuel saltaban, cantaban y se dejaban llevar por la energía de la banda.

– ¡Esta canción es mi favorita! ¡Vamos a disfrutar al máximo! – gritó Marta.

Después de un concierto emocionante, descubrieron el escenario de música latina, donde una banda de salsa estaba tocando.

– ¡Me gusta mucho la música latina! ¿Quieres bailar conmigo? – preguntó Marta..

– ¡Claro, vamos a disfrutar de la música latina juntos! – respondió Manuel.

Bailaron al ritmo de la salsa y se divirtieron con otros asistentes que también estaban disfrutando del espectáculo.

– ¡Qué día tan increíble! Estoy muy contenta de haber venido al festival. – Marta comentó con alegría.

Al final del festival, Martina se sintió muy feliz y comentó que fue un día fantástico. Ella no podía esperar con ansias volver al festival el próximo año.

Vocabulario:

música – музыка

energía – энергия

banda – группа

luces – свет

saltar – прыгать

cantar – петь

concierto – концерт

escenario – сцена

música latina – латиноамериканская музыка

bailar – танцевать

ritmo – ритм

asistentes – участники

rostro – лицо

corazón – сердце

alegría – радость

el próximo año – в следующем году

Capítulo 16: El paseo en bicicleta

Marta estaba emocionada porque era un hermoso día soleado y decidió salir a dar un paseo en bicicleta. Se puso su casco y agarró su bicicleta del garaje.

Mientras pedaleaba por las calles de su ciudad, vio cabalgando a su amiga Sofía.

– ¡Hola Sofía! ¿Qué haces por aquí? – exclamó Marta emocionada.

– ¡Hola Marta! – respondió sorprendida – Estaba conduciendo hacia el parque ¿Te gustaría unirte?

– ¡Claro! Sería genial.

Marta y Sofía montaron en sus bicicletas y comenzaron a pedalear juntas por el carril para bicicletas. Disfrutaban de la brisa en sus caras mientras conversaban.

Llegaron al parque y vieron un lago con patos nadando. Decidieron detenerse y observarlos por un momento.

– Mira, Marta, los patitos son tan lindos. – señaló el lago – Me encanta la naturaleza que encontramos aquí.

– Sí, es maravilloso. – respondió emocionada – Me siento tan en paz estando rodeada de tanta belleza.

Finalmente, Marta y Sofía regresaron al punto de partida donde habían dejado sus bicicletas. Se bajaron y se sentaron en un banco para descansar.

– Gracias por invitarme a este paseo en bicicleta, Sofía. – dijo Martha feliz – Ha sido maravilloso.

– De nada, Marta. – respondió Sofía sonriendo – Me alegra que hayas disfrutado. Definitivamente deberíamos hacerlo más seguido.

Con una sonrisa en sus rostros y el corazón lleno de alegría, Marta y Sofía se despidieron y acordaron planear más aventuras en bicicleta juntas.

Vocabulario:

paseo en bicicleta – велопрогулка

casco – шлем

garaje – гараж

pedalear – крутить педали

carril para bicicletas – велодорожка

brisa – бриз

rodeada – окруженный

naturaleza – природа

paz – мир

belleza – красота

observar – наблюдать

patitos – утята

lago – озеро

invitarme – пригласить меня

deberíamos – мы должны

disfrutado – наслаждались

planear – планировать

Capítulo 17: Preparando una comida especial

Había llegado el día en que Marta quería sorprender a su familia con una comida especial. Estaba emocionada y decidida a preparar algo delicioso. Se puso el delantal y se dirigió a la cocina.

– ¡Hola mamá, hola papá! – exclamó Marta al entrar a la casa – Hoy quiero preparar una comida especial para todos. ¿Les gustaría probar algo diferente?

– ¡Claro, hija! – respondió el papá – ¿Qué tienes en mente?

– Quiero hacer pasta con salsa de tomate casera y albóndigas. ¿Les parece bien? – preguntó Marta

– ¡Suena delicioso! – dijo la mamá con entusiasmo – ¿Necesitas ayuda?

– Sería genial si me ayudas con la salsa de tomate mientras yo hago las albóndigas.

Marta y su madre fueron a la cocina. Marta pelaba los tomates mientras su madre calentaba una sartén con aceite de oliva. Después de mezclar los ingredientes de la receta, formó bolitas y las colocó en una bandeja para hornear. Después de un tiempo, la salsa de tomate estaba lista y las albóndigas se doraban en el horno.

– ¡La comida está lista! – exclamó Marta – Vengan a la mesa.

La familia disfrutó de la deliciosa comida que Marta había

preparado con cariño.

– Marta, esta comida está increíble. – dijo el papá con una sonrisa – ¡Eres toda una chef!

– Estoy muy orgullosa de ti, hija – agregó la mamá con satisfacción.

– Gracias, mamá, papá. – respondió Marta con alegría – Me alegra que les haya gustado.

Con una sonrisa en sus rostros, la familia disfrutó de un momento especial compartiendo una comida deliciosa y el amor que habían puesto al prepararla.

Vocabulario:

sorprender – удивлять

delicioso – вкусный

casera – домашний

mente – ум

pelaba – чистил

calentaba – грел

sartén – сковорода

aceite de oliva – оливковое масло

mezclar – смешивать

receta – рецепт

bolitas – шарики

hornear – выпекать

salsa – соус

albóndigas – фрикадельки

doraban – жарили

increíble – невероятный

chef – шеф-повар

gustado – понравилось

amor – любовь

Capítulo 18: Una excursión a la montaña

Marta y sus amigos Pedro y Laura decidieron aventurarse en una emocionante excursión a la montaña. Se encontraron temprano en el punto de encuentro acordado, llevando mochilas con agua y bocadillos. Comenzaron a caminar por el sendero, siguiendo las señales.

– Wow, las vistas son impresionantes aquí arriba. – exclamó Marta emocionada

– Sí, vale la pena cada paso que damos. – respondió Pedro

Continuaron ascendiendo, disfrutaron del hermoso paisaje y descansaron junto a un arroyo. Mientras descendían por el sendero, Pedro señaló un árbol peculiar y exclamó:

– ¡Miren ese árbol gigante! Parece sacado de un cuento.

Marta y Laura se detuvieron para admirar el majestuoso árbol y mostraron su emoción con una sonrisa en sus rostros. Después, continuaron subiendo, enfrentando terrenos difíciles. A medida que subían, el terreno se volvía más empinado y desafiante.

– ¡No nos rindamos! Estamos casi allí. – animó Marta al grupo.

Finalmente, llegaron a la cima y quedaron impresionados por la vista panorámica.

– ¡Qué lugar increíble! – dijo Laura admirada.

– ¡Vale la pena todo el esfuerzo! – expresó Pedro emocionado.

Pasaron un tiempo disfrutando del momento, absorbiendo la serenidad y la grandeza de la naturaleza que los rodeaba.

Descansaron un poco y luego comenzaron a bajar, llevando consigo recuerdos especiales.

– Ha sido una experiencia increíble. – agradeció Marta – Gracias por este día.

– La naturaleza nos da energía. – respondió Pedro agradecido – Fue genial compartir esto contigo.

Con una sensación de satisfacción y alegría, regresaron a casa, sabiendo que habían vivido una aventura única y ansiosos por futuras exploraciones juntos.

Vocabulario:

montaña – гора

bocadillos – бутерброды

sendero – тропа

vista – вид

impresionante – впечатляющий

aquí arriba – здесь наверху

vale la pena – это стоит того

paso – шаг

subir – подниматься

cima – вершина

a medida que – по мере того как

árbol – дерево

gigante – гигантский

cuento – история

terreno – местность

difícil – сложный

serenidad – спокойствие

rodeaba – окружало

bajar – спускаться

ansioso – нетерпеливый

Capítulo 19: Aprendiendo a bailar salsa

Marta había decidido aprender a bailar salsa, y hoy sería su primera clase. Llegó al estudio de baile temprano y se encontró con su amiga Laura.

– ¡Hola Laura! – exclamó Marta emocionada – ¿Estás lista para aprender a bailar salsa?

– ¡Hola Marta! – respondió Laura – Sí, estoy emocionada pero también un poco nerviosa. Nunca he bailado salsa antes.

– No te preocupes, ¡estoy segura de que lo haremos genial!

Después de un rato, el profesor de salsa, Carlos, entró en la habitación.

– ¡Hola chicas! – dijo Carlon con entusiasmo – Bienvenidas a la clase de salsa.

La clase comenzó con un calentamiento para preparar los músculos. Luego, Pedro les enseñó los pasos básicos de la salsa.

– Comienza con el pie derecho, dando un paso hacia el costado. – explicó Carlos – Luego, lleva el pie izquierdo hacia el derecho y vuelve a poner el pie derecho en su lugar. Repite del otro lado.

Después de practicar el paso básico, Carlos les mostró movimientos más difíciles.

– Ahora vamos a hacer giros y vueltas. – dijo Carlos –Escuchen mis instrucciones y sigan el ritmo de la música.

Marta y Laura se esforzaron por seguir las instrucciones de Carlos. A medida que practicaban, se sentían más seguras y empezaban a entender el ritmo de la salsa.

Al final de la clase, Carlos felicitó a Marta y Laura por su progreso.

– ¡Lo hicieron muy bien chicas! Sigan practicando y pronto serán unas excelentes bailarinas de salsa.

– ¡Gracias, Carlos! – agradeció Marta – Nos vemos en la próxima clase.

Con la música de salsa resonando en el estudio, Marta y Laura salieron con energía y alegría, listas para seguir su aventura en el mundo del baile.

Vocabulario:

antes – перед

habitación – комната

calentamiento – разминка

músculo – мышца

enseñó – научил

básico – базовый

derecho – право

costado – бок

repite – повторяй

giro – поворот

vuelta – круг

sigan – продолжайте

esforzar – стараться

entender – понимать

progreso – прогресс

resonar – звучать

mundo – мир

Capítulo 20: Un día de lluvia en casa

Era un día lluvioso y Marta estaba en casa sin nada que hacer. Estaba aburrida y deseaba que el sol brillara para poder salir a jugar afuera. De repente, sonó el teléfono.

– ¡Hola! – dijo Marta emocionada al contestar la llamada.

– ¡Hola Marta! – respondió su amiga Angéla – ¿Qué estás haciendo en este día lluvioso?

– No mucho, estoy aburrida en casa. – dijo Marta con decepción.

– ¡No te preocupes! Tengo una idea. ¿Por qué no hacemos una tarde de juegos en mi casa? – sugirió Angéla entusiasmada.

– ¡Eso suena genial! Me encantaría. – exclamó Marta emocionada por la idea de divertirse con su amiga.

Marta se preparó rápidamente y se dirigió a casa de Angéla. Al llegar, ambas amigas se sentaron en la sala y comenzaron a jugar a su juego de mesa favorito.

– ¡Mira, Marta! ¡Soy la ganadora! exclamó Laura emocionada al ganar una ronda.

– ¡Felicitaciones, Angéla! Eres la mejor en este juego. – dijo Marta riendo.

Después de varias rondas de juegos, las chicas decidieron hacer una pausa y tomar algo de merienda.

– Tengo galletas y jugo. ¿Quieres algo, Marta? – preguntó

Angéla amablemente.

–¡Sí, por favor! Me encantan las galletas. – respondió Marta con entusiasmo.

Mientras disfrutaban de su merienda, escucharon el sonido de la lluvia golpeando las ventanas.

– Aunque estemos en casa, ¡nos divertimos mucho! – dijo Marta sonriendo.

– ¡Así es! A veces, los días lluviosos pueden ser divertidos si los pasamos juntas. – dijo Angéla felizmente.

Pasaron el resto de la tarde riendo, jugando y disfrutando de su compañía. Aunque el sol no había salido, Marta y Angéla habían convertido un día lluvioso en un día lleno de diversión y risas en casa.

Vocabulario:

lluvia – дождь

nada – ничего

aburrida – скучно

brillar – сверкать

afuera – снаружи

decepción – разочарование

sugerir – предложить

juegos – игры

ambas – обе

ganadora – победитель

ronda – раунд

felicitaciones – поздравления

pausa – перерыв

galleta – печенье

jugo – сок

merienda – перекус

golpeando – ударяя

compañía – компания

aunque – хотя

Ejercicios de los capítulos

Capítulo 1: La llegada a la ciudad

Responde a las preguntas:

1. ¿Cómo se llama la protagonista del Capítulo 1?

2. ¿Cuántos años tiene Marta?

3. ¿Cómo se siente Marta al llegar a la ciudad?

4. ¿Qué lleva Marta consigo mientras camina por las calles de la ciudad?

5. ¿Quién es Juan y cómo ayuda a Marta?

6. ¿En qué calle vive Marta?

Capítulo 2: Tienda de comestibles

Completa las siguientes frases con la palabra correcta:

1. Marta decidió ir a la ___________ de comestibles más cercana.

2. La tienda estaba bien ___________ y organizada

3. Marta compró ___________ y lechugas frescas en la sección de vegetales.

4. Las ___________ estaban a la derecha de los productos enlatados.

5. Marta compró manzanas y ___________ en la sección de

frutas.

6. Marta pagó por sus compras con su ____________ de crédito.

Capítulo 3: La reunión con los vecinos

Indique cual oración es verdadera o falsa:

1. Marta recibió una invitación para asistir a una reunión de vecinos en su nuevo edificio.

2. La reunión de vecinos se llevó a cabo en el parque.

3. La reunión fue programada para un domingo por la mañana.

4. El presidente de la asociación habló sobre los próximos eventos.

5. Marta no se sintió cómoda con sus vecinos durante la reunión.

6. Marta no está satisfecha con la ubicación del edificio.

Capítulo 4: El primer día de trabajo

Responde a las siguientes preguntas:

1. ¿Por qué Marta estaba emocionada?

a) Porque iba a empezar un nuevo trabajo.

b) Porque iba a terminar su trabajo anterior.

c) Porque iba a irse de vacaciones.

2. ¿Quién recibió a Marta en la oficina?

a) Su amigo.

b) Su compañero de equipo.

c) Su jefe.

3. ¿Qué le mostró David a Marta en la oficina?

a) Los diferentes departamentos y áreas.

b) Los documentos importantes.

c) Los descansos de café.

4. ¿Quién era el compañero de equipo de Marta?

a) David.

b) Sebastián.

c) Un cliente.

5. ¿Qué tarea le asignó David a Marta al final?

a) Que se presentara al equipo.

b) Que empezara a trabajar.

c) Que mostrara los documentos importantes.

6. ¿Qué hizo Marta al final del primer día de trabajo?

a) Se reunió con su jefe para discutir su desempeño.

b) Hizo nuevos amigos en la oficina.

c) Regresó a casa para descansar.

Capítulo 5: Reunirse con amigos

Indique cual oración es verdadera o falsa:

1. Marta había visto a sus amigos recientemente.

2. Marta está aprendiendo alemán.

3. Marta no tiene tiempo para salir debido a su trabajo.

4. Manuel está interesado en aprender francés.

5. Ángela estaba preocupada por la falta de ideas para unas vacaciones.

6. Marta invitó a Ángela a viajar juntas a Francia.

Capítulo 6: Una visita a la biblioteca

Responde a las siguientes preguntas:

1. ¿Por qué Marta decidió visitar la biblioteca?

a) Para encontrar algunos libros sobre finanzas y negocios.

b) Para conocer a Pablo y Gabriel.

c) Para pasar el tiempo.

2. ¿Quién ayudó a Marta a encontrar los libros adecuados?

a) Gabriel.

b) El bibliotecario Pablo.

c) Marta se encontró los libros sola.

3. ¿Qué libro recomendó Pablo a Marta?

a) Un libro sobre ciencias sociales.

b) Un libro sobre finanzas personales.

c) Un libro sobre arte.

4. ¿De qué trabaja Gabriel?

a) De bibliotecario.

b) De agente de bienes raíces.

c) De una empresa de inversiones.

5. ¿Qué ofreció Gabriel a Marta?

a) Consejos financieros.

b) Una cena gratis.

c) Un boleto de avión.

6. ¿Qué hizo Marta después de visitar la biblioteca?

a) Se fue a tomar un café.

b) Regresó a casa para leer los libros.

c) Se encontró con sus amigos en el parque.

Capítulo 7: Un día en la playa

Responde a las preguntas:

1. ¿Qué cosa olvidó Marta en casa?

2. ¿Qué le ofreció Miguel a Marta?

3. ¿Cómo respondió Marta a la oferta de ayuda?

4. ¿Qué respondió Miguel cuando Marta le agradeció?

5. ¿Qué hizo Marta durante su día en la playa?

6. ¿Cómo se sintió Marta después de pasar el día en la playa?

Capítulo 8: El picnic de Marta y su familia

Completa las siguientes frases con las palabras adecuadas del vocabulario:

1. Marta y su familia decidieron hacer un ___________ en el parque.

2. La mamá de Marta preparó unos ___________ de jamón y queso.

3. El papá de Marta trajo unas ___________ y botellas de agua.

4. Marta estaba emocionada porque le encantaba pasar tiempo al aire libre. Se sentaron en una ___________ y comenzaron a comer.

5. Marta vio a un niño jugando con su ___________.

6. Después de jugar un rato, Marta y su familia decidieron recoger todo y regresar a ___________.

Capítulo 9: Celebrando el Cumpleaños

Responde a las preguntas:

1. ¿Por qué Marta estaba emocionada al principio del cuento?

2. ¿Qué sorpresa especial le había preparado Ana a Marta?

3. ¿Dónde se encontraron Marta y Ana para celebrar juntas?

4. ¿Qué hicieron Marta y Ana después de comer pastel y abrir regalos?

5. ¿Qué pasó durante el juego de pelota?

6. ¿Cómo se sintieron Marta y Ana al final del día de cumpleaños?

Capítulo 10: La visita al zoológico

Indique cual oración es verdadera o falsa:

1. Marta y su familia decidieron ir al zoológico.

2. Marta estaba emocionada por visitar el acuario en el zoológico.

3. Marta vio muchos animales diferentes en el zoológico.

4. Marta decidió regalarle al pingüino una barra de chocolate.

5. El pingüino rechazó la barra de chocolate que Marta le ofreció.

6. Marta y su familia regresaron a casa cansados pero felices al final del día.

Capítulo 11: La clase de yoga

Responde a las preguntas:

1. ¿Qué quería Marta después de un día de trabajo estresante?

2. ¿Dónde decidió Marta tomar una clase de yoga?

3. ¿Cómo se sintió Marta cuando el instructor le pidió que hiciera una postura complicada?

4. ¿Qué le sugirió el instructor a Marta para practicar yoga en casa?

5. ¿Qué hizo Marta cuando llegó a casa?

6. ¿Qué descubrió Marta al practicar yoga en casa?

Capítulo 12: La aventura en el museo

Indique cual oración es verdadera o falsa:

1. Marta decidió visitar el zoológico.

2. Marta llevaba una mochila.

3. El empleado del museo le dio información sobre las exposiciones.

4. Marta quería comenzar explorando la sala de ciencias.

5. La sala de arte está en el primer piso.

6. Nicolás es hijo de un artista.

Capítulo 13: Cuidando a la mascota

Lee el siguiente fragmento del texto y completa las oraciones con la forma correcta de los verbos entre paréntesis en pretérito perfecto simple (pretérito indefinido):

Marta _______________ (llegar) a la casa de Daniel y _______________ (encontrar) a Tomás esperándola en la sala. Después de asegurarse de que _______________ (tener) comida, agua y juguetes, Marta _______________ (ocuparse) de cuidarlo durante varios días. También _______________ (llevar) a Tomás al parque, donde Tomás _______________ (jugar) con otros gatos y _______________ (disfrutar) del aire libre.

Capítulo 14: El primer vuelo

Lee cada pregunta y elige la opción correcta (A, B o C) que complete mejor la frase:

1. Marta ________ su primer vuelo en avión.

a) está

b) estaba

c) estuvo

2. La azafata ________ información sobre la puerta de embarque.

a) da

d) dio

c) daaba

3. Marta _________ junto a una mujer amigable en el avión.

a) se sienta

b) se sentó

c) se sientó

4. El avión _________ y el paisaje _________ más pequeño.

a) despegó / se hizo

b) despegó / se hacía

c) despega / se hizo

5. Durante el vuelo, Marta _________ atentamente las instrucciones.

a) escucha

b) escuchó

c) escuchaba

6. Finalmente, el avión _________ en el aeropuerto de Londres.

a) aterrizó

b) aterriza

c) aterrizará

Capítulo 15: El festival de música

Responde a las preguntas:

1. ¿Por qué estaba emocionada Marta?

2. ¿Con quién fue Marta al festival?

3. ¿Qué descubrieron al llegar al sitio del festival?

4. ¿Qué grupo de música quería ver Manuel?

5. ¿Qué otro escenario musical descubrieron?

6. ¿Cómo se sintió Marta al final del festival?

Capítulo 16: El paseo en bicicleta

Completa las siguientes frases con las palabras correctas:

1. Marta estaba emocionada porque era un día __________.

2. Marta se puso su __________ y agarró su bicicleta del __________.

3. Marta le gritó a Sofía: "¡Hola Sofía! ¿Qué __________ por aquí?"

4. Marta y Sofía montaron en sus __________ y comenzaron a __________ juntas por el carril para bicicletas.

5. Marta señaló el __________ y exclamó: "Mira, Sofía, los __________ son tan lindos."

6. Marta agradeció a Sofía por invitarla y dijo: "Gracias por

__________ a este paseo en bicicleta, Sofía. Ha sido __________."

Capítulo 17: Preparando una comida especial

Indique cual oración es verdadera o falsa:

1. Marta quería sorprender a su familia con una comida especial.

2. Marta decidió preparar pasta con salsa de tomate casera y albóndigas.

3. El padre de Marta no estaba interesado en probar algo diferente.

4. Marta y su madre pelaron los tomates juntas.

5. La familia disfrutó de la comida preparada por Marta.

6. Marta se sintió triste y decepcionada con la reacción de sus padres.

Capítulo 18: Una excursión a la montaña

Une las parejas correctamente, combinando la primera parte de la oración con la segunda parte:

1. Marta y sus amigos decidieron aventurarse en una emocionante excursión...

2. Comenzaron a caminar por el sendero, siguiendo...

3. Las vistas desde arriba eran...

4. Marta y Laura se detuvieron para...

5. A medida que subían, el terreno se volvía más...

6. Descansaron un poco y luego comenzaron a...

a) ...descansar y disfrutar del hermoso paisaje.

b) ...a la montaña.

c) ...impresionantes.

d) ...empinado y desafiante.

e) ...las señales.

f) ...bajar llevando recuerdos especiale

Capítulo 19: Aprendiendo a bailar salsa

Responde a las siguientes preguntas:

1. ¿Cómo se sentía Laura antes de su primera clase de salsa?

a) Emocionada y nerviosa.

b) Aburrida y cansada.

c) Triste y enojada.

2. ¿Con qué comenzó la clase de salsa?

a) Con un calentamiento.

b) Con un examen.

c) Con una competencia.

3. ¿Qué les mostró Carlos a Marta y Laura para practicar?

a) Movimientos de breakdance.

b) Movimientos de natación.

c) Movimientos más complejos de salsa.

4. ¿Qué hicieron Marta y Laura para seguir las instrucciones de Carlos?

a) Ignoraron las instrucciones.

b) Tomaron un descanso.

c) Se esforzaron por seguir las instrucciones.

5. ¿Qué ganaron Marta y Laura a medida que practicaban?

a) Confusión y frustración.

b) Miedo y desesperanza.

c) Confianza y ritmo en la salsa.

6. ¿Qué hizo Carlos al final de la clase?

a) Los regañó por no hacerlo bien.

b) Los felicitó por su progreso.

c) Canceló la próxima clase.

Capítulo 20: Un día de lluvia en casa

Completa las siguientes frases con la palabra adecuada:

1. Marta estaba _________ en casa debido al mal tiempo.

a) triste

b) aburrida

c) emocionada

2. Angéla propuso hacer una tarde de _________ en su casa.

a) juegos

b) películas

c) compras

3. Marta se mostró _________ por la idea de Angéla.

a) feliz

b) enojada

c) asustada

4. Durante la tarde, Marta y Angéla jugaron a su _________ favorito.

a) deporte

b) juego de mesa

c) instrumento musical

5. Marta y Angéla escucharon el sonido de la lluvia _________ las ventanas.

a) acariciando

b) cerrando

c) golpeando

6. Marta dijo que se divertían mucho incluso sin _________.

a) amigos

b) sol

c) regalos

Soluciones

Capítulo 1: La llegada a la ciudad

1. La protagonista se llama Marta.

2. Marta tiene veinticinco años.

3. Marta se siente emocionada al llegar a la ciudad.

4. Marta lleva una maleta pequeña y una bolsa de mano.

5. Juan es un hombre joven que se encuentra con Marta en la calle y le ayuda a encontrar su camino hacia su nuevo hogar.

6. Marta vive en la calle Mariposa número 23.

Capítulo 2: Tienda de comestibles

1. tienda

2. limpia

3. tomates

4. frutas

5. plátanos

6. tarjeta

Capítulo 3: La reunión con los vecinos

1. VERDADERO

2. FALSO

3. FALSO

4. VERDADERO

5. FALSO

6. FALSO

Capítulo 4: El primer día de trabajo

1. a)

2. c)

3. a)

4. b)

5. b)

6. c)

Capítulo 5: Reunirse con amigos

1. FALSO

2. FALSO

3. VERDADERO

4. FALSO

5. VERDADERO

6. VERDADERO

Capítulo 6: Una visita a la biblioteca

1. a)

2. b)

3. b)

4. c)

5. a)

6. b)

Capítulo 7: Un día en la playa

1. Marta olvidó sus gafas de sol.

2. Miguel le ofreció un par de gafas de sol a Marta.

3. Marta agradeció a Miguel con una sonrisa aliviada.

4. Miguel respondió "De nada, espero que las disfrutes".

5. Marta tomó el sol, leyó un libro y nadó en el mar.

6. Marta se sintió relajada y rejuvenecida.

Capítulo 8: El picnic de Marta y su familia

1. picnic

2. sándwiches

3. manzanas

4. manta

5. perro

6. casa

Capítulo 9: Celebrando el Cumpleaños

1. Marta estaba emocionada porque hoy era su cumpleaños.

2. Ana le había preparado una pequeña fiesta sorpresa.

3. Se encontraron en un parque cercano.

4. Marta y Ana decidieron jugar a la pelota en el parque.

5. Ana casi golpeó a Marta con la pelota.

6. Marta y Ana se sintieron felices y agradecidas por su amistad especial.

Capítulo 10: La visita al zoológico

1. VERDADERO

2. FALSO

3. VERDADERO

4. VERDADERO

5. FALSO

6. VERDADERO

Capítulo 11: La clase de yoga

1. Marta quería relajarse y reducir su estrés.

2. Marta decidió tomar una clase de yoga en su gimnasio local.

3. Marta se sintió un poco insegura.

4. El instructor le sugirió seguir videos de yoga en línea y practicar en casa con un tapete de yoga.

5. Buscó videos de yoga en línea y comenzó a seguirlos.

6. Marta descubrió que practicar yoga en casa era conveniente y relajante.

Capítulo 12: La aventura en el museo

1. FALSO

2. VERDADERO

3. VERDADERO

4. FALSO

5. FALSO

6. VERDADERO

Capítulo 13: Cuidando a la mascota

Marta llegó a la casa de Daniel y encontró a Tomás esperándola en la sala. Después de asegurarse de que tuviera comida, agua y juguetes, Marta se ocupó de cuidarlo durante varios días. También lo llevó al parque, donde Tomás pudo jugar con otros gatos y disfrutar del aire libre.

Capítulo 14: El primer vuelo

1. b)

2. b)

3. b)

4. a)

5. c)

6. a)

Capítulo 15: El festival de música

1. Marta estaba emocionada por el festival de música.

2. Ella fue al festival con Manuel.

3. Descubrieron un ambiente festivo y música.

4. Manuel quería ver a una banda de rock.

5. Descubrieron el escenario de música latina.

6. Marta se sintió feliz y satisfecha.

Capítulo 16: El paseo en bicicleta

1. soleado

2. casco, garaje

3. haces

4. bicicletas, pedalear

5. lago, patitos

6. invitarme, maravilloso

Capítulo 17: Preparando una comida especial

1. VERDADERO

2. VERDADERO

3. FALSO

4. FALSO

5. VERDADERO

6. FALSO

Capítulo 18: Una excursión a la montaña

1. b)

2. e)

3. c)

4. a)

5. d)

6. f)

Capítulo 19: Aprendiendo a bailar salsa

1. a)

2. a)

3. c)

4. c)

5. c)

6. b)

Capítulo 20: Un día de lluvia en casa

1. b)

2. a)

3. a)

4. b)

5. c)

6. a)